shambala:
El paraíso perdido

Fusión Collages y poesía

Copyright © 2018 Gloria Sánchez y Toni López

Editado por Elfring Ediciones

Todos los derechos reservados.

ISBN-13: 978-1986664417

Gloria Sánchez Artist – Trovador de la Luna

dedicatoria

Dedicado a lo más pequeño e insignificante,
a lo invisible, a los sueños, a la luz, al no tiempo.
A la belleza que abraza...

Gloria Sánchez.

Dedicado a lo que se fue, a lo que está por venir,
a lo etéreo, a lo trivial.
A lo que pudo ser y a lo que nunca será.
A todo, a la inspiración de las palabras
que bailan en la mente si nacen del corazón.

Toni López.

Gloria Sánchez Artist - Trovador de la Luna

agradecimientos

De Gloria

Gracias al cielo azul, al Universo, por sus constantes y delicados susurros.

De Toni:

Al latido del amor, a la brisa de la poesía que se expande desde nuestro interior.

shambala: El Paraiso perdido

Shambala: El paraíso perdido

Allí se encuentra un mundo oculto, misterioso, desconocido y prohibido.

Shambala; donde habitan entidades con tecnologías más allá de nuestra comprensión.

Shambala; donde nace el conocimiento se mantuvo oculto para nosotros en esta otra dimensión.

¿Será revelada alguna vez la verdad? Las fuerzas terrestres de poder y codicia deben ser para siempre selladas.
El conocimiento, prohibido para ejercer la guerra cuando la humanidad aprenda a utilizar los conocimientos adquiridos en estas tierras extrañas para el beneficio de la humanidad, entonces encontraremos la entrada a ese mundo.

Reino de silencio, paz de los ancestros, etérea realidad de quien cree sin verlo. Si eres puro de corazón, si tu amor es verdadero, aquí tienes tu hogar, libre de sufrimiento.

Reino de amor y virtud donde no existe la injusticia, beber del conocimiento y la cultura para saciar en avaricia.

Senda en plano espiritual que si respiras no querrás despertar, siéntete inmortal en Shambala : Paraíso ancestral.

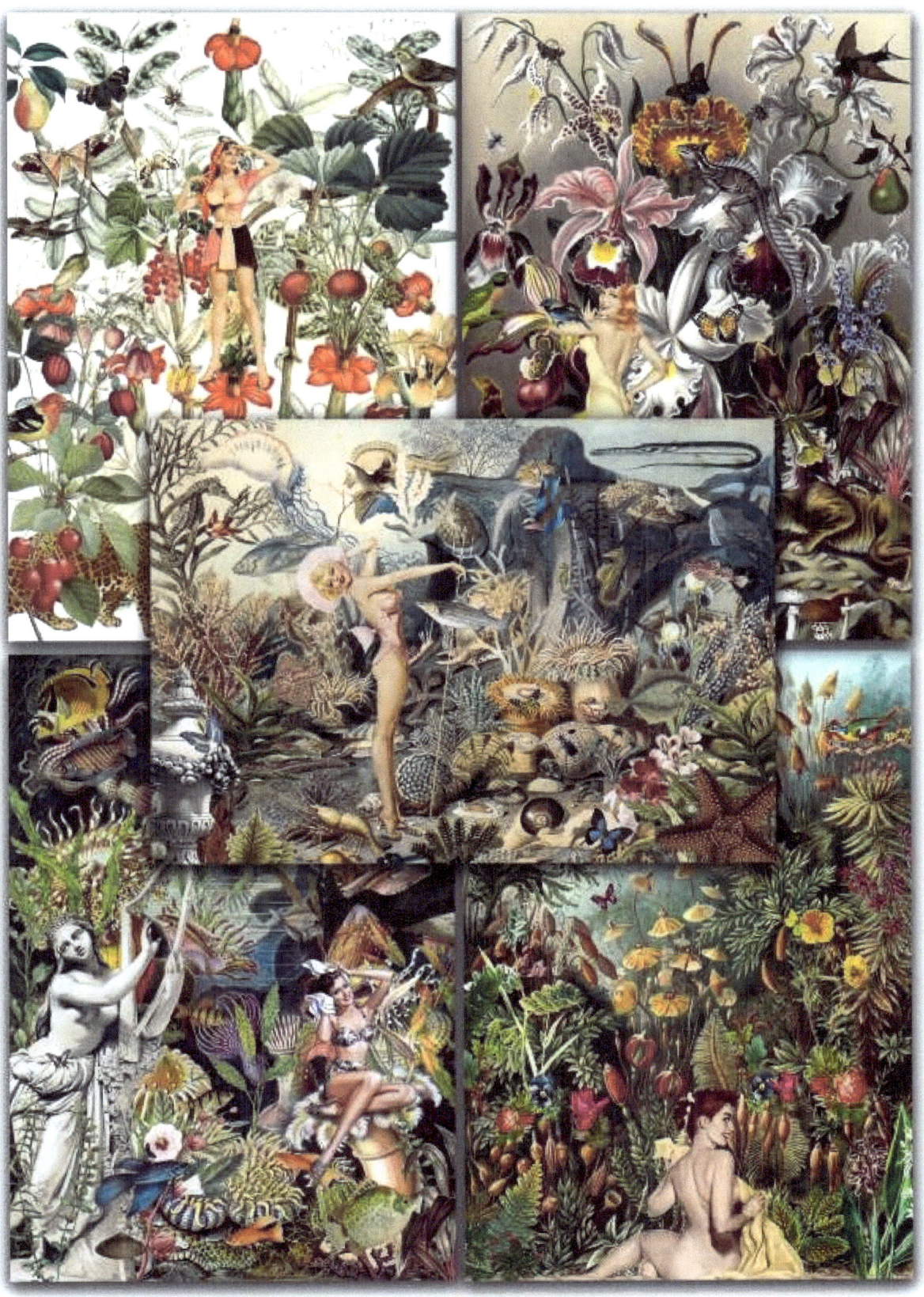

tropic

Buscando la respuesta a todas mis preguntas,
me despojé de mis creencias y ascendí a las alturas.
Me aislé del engaño,
pues antaño me persiguió la mentira,
labios finos me idolatraron,
los que dejaron mis venas vacías.

Subí la montaña en busca de cobijo,
perdí el norte al borde de un abismo
y cuando mi mente se llenó de ignorancia
apareciste tú, para envolverme de nostalgia.

En la selva de los sueños
me liberaste de las pesadillas,
mortal reflejo de un recuerdo
que se enjugó surcando mis mejillas.

Me creí paladín de la venganza
y al conocer tu rostro
en la frondosidad de tu imperio,
me regalaste la esperanza
de la que una vez fui dueño,
y surcando la ladera de tu corazón,
hicimos el amor en el monte del ensueño.
Para jamás decirnos adiós
y fundirnos
beso tras beso.

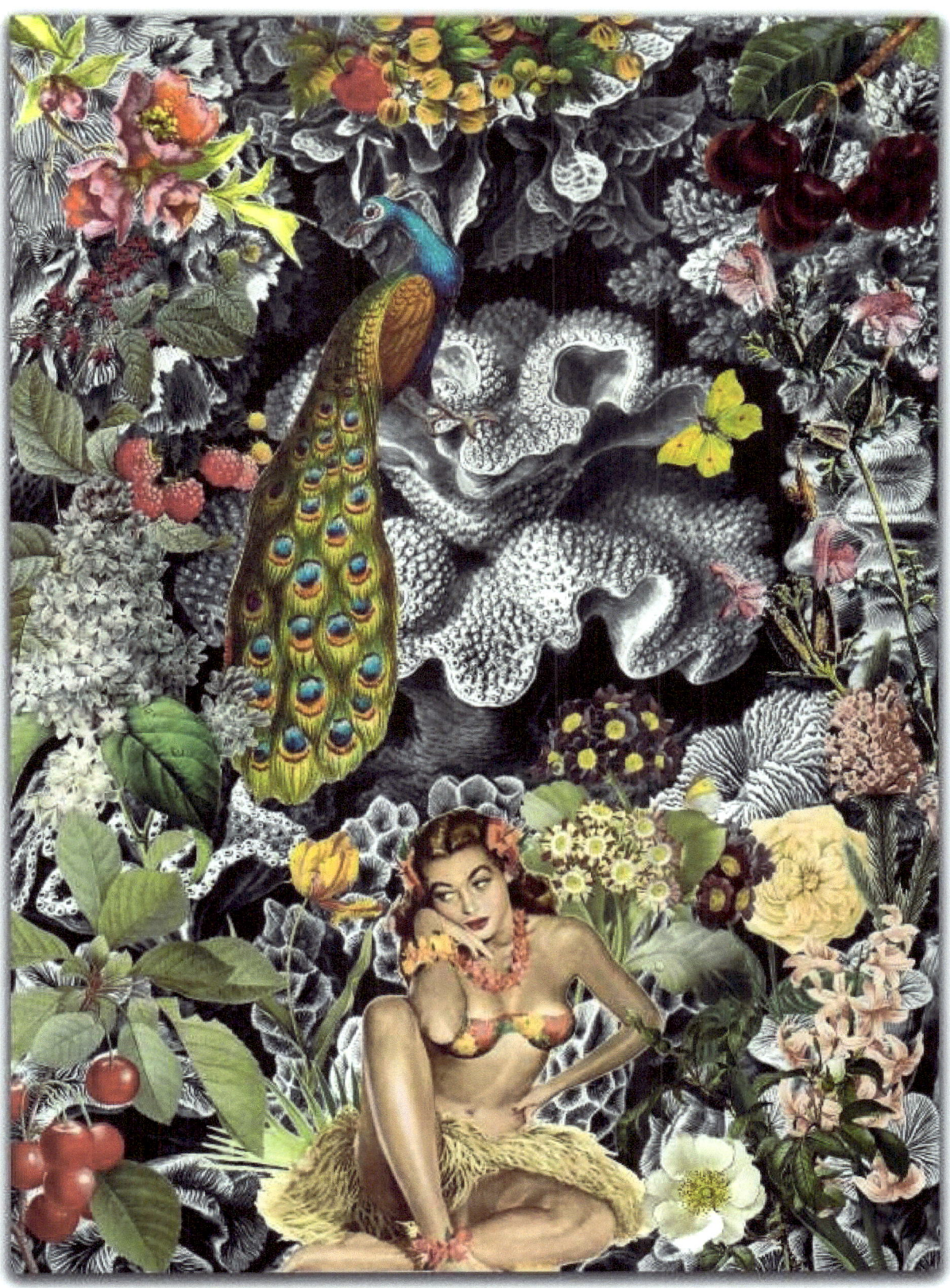

aisha

Inhalo el aroma de incienso que se quema en tu piel,
invoca mis chakras para alinearlos después.
Fragancia exquisita que me tienta...
A enloquecer.

Retozando entre delirios
y pomposas nubes de lujuria,
me enamoro de la fantasía
que crece embravecida de ternura,
bajo el halo de la noche eterna
y las brasas de la luna.

Éxtasis permitido que te vuelve deliciosa,
mirada de amatista, labios de rosa.
Caricias salvajes, gemidos celestiales,
calor en la pradera y suspiros de placer
en tu flor de primavera.

Reina del amor,
salvaje crisol de sensaciones,
devórame con pasión
mientras nos envuelven los latidos,
corazón exento de dolor
bañado en tu cáliz divino.

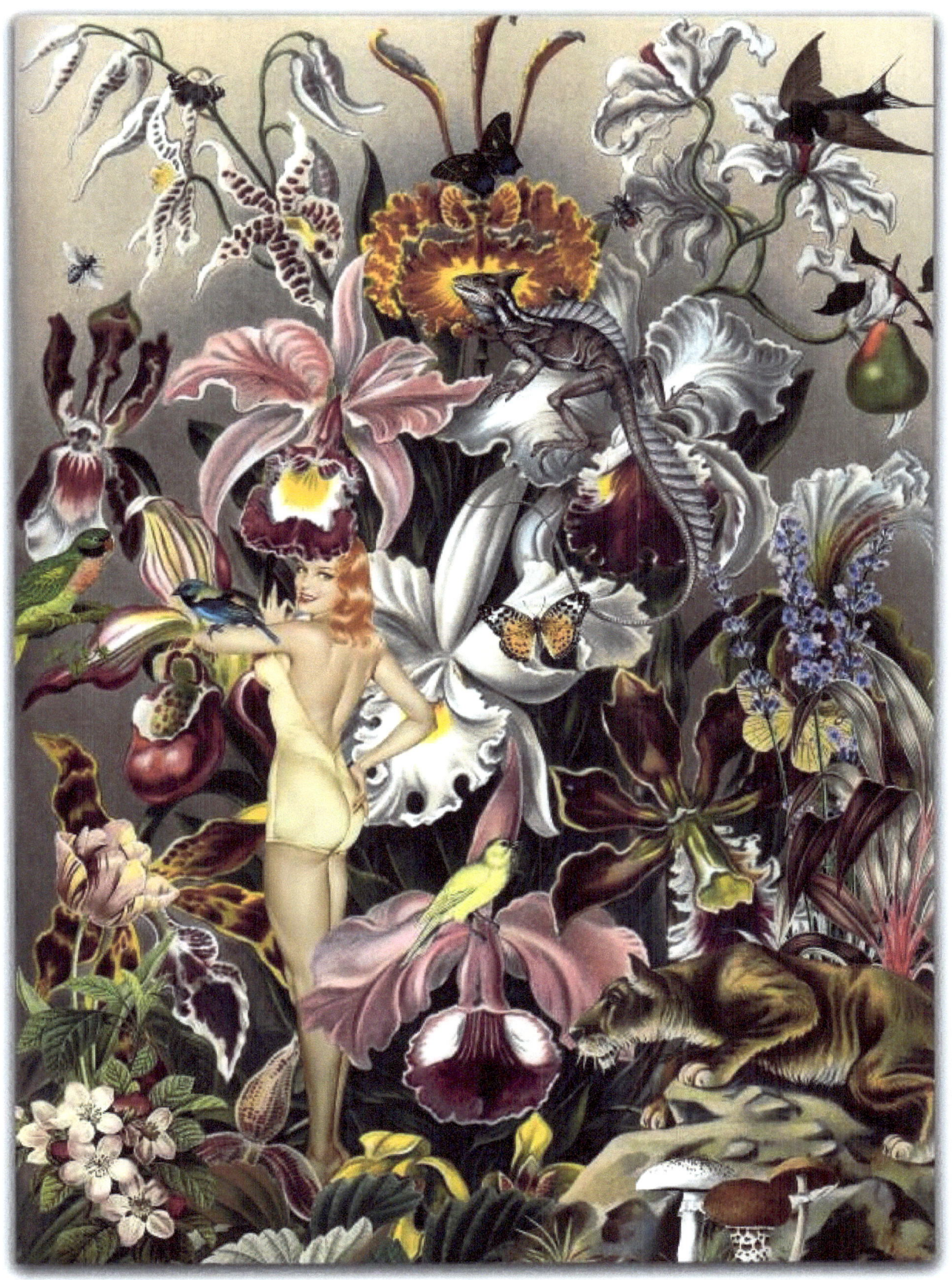

aloha

Dicen que la justicia es ciega
y para alguno quizás sea verdad,
pero no conocen tu rostro de diosa,
tan firme,
tan dulce,
tan lleno de bondad.

En el monte de mi calvario
clavaron mis ganas de volar
derrotando mi valentía
y mis ansias de amar.

Todo parecía perdido, ya todo daba igual,
pero por más piedras que pusieran en mi camino
jamás me permitiste tropezar.

Vigía en las alturas de mis pasos incautos,
escudo protector de mi entereza
ante el acoso incesante y letal de la injusticia
que me tienta a otra vez fracasar.

A tus pies imploro un deseo divino,
que «El sueño de los justos»
sea el sendero que siga mi destino.
Encúmbrame en tu amor y yo
seguiré ese camino.

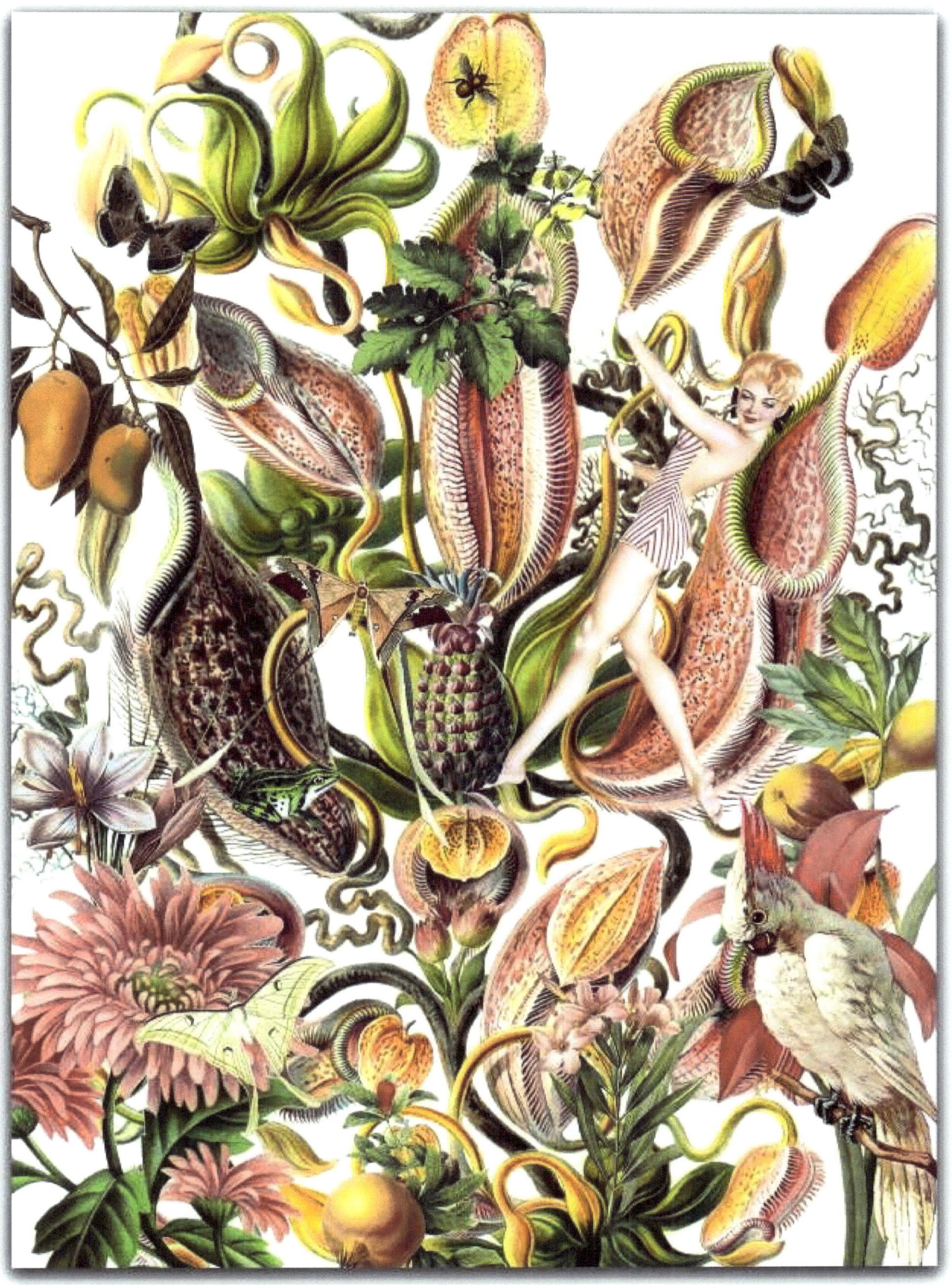

bombus terrestris

Se clavó el aguijón.
La inyección de melancolía
atisba la esperanza que
en la frondosidad de mi alegría
vibra con la melodía
del renacer del alba,
que en las tinieblas del amor
acarició mi alma.

Un beso de sol y la brisa
de tus alas tan llenas de pasión
erizan mis sentidos
y en tu cáliz de bella flor
libaré mi destino,
para secar en tu calor
la tristeza de este peregrino
y sepultando la tristeza y el dolor,
soñaré que duermo contigo.

Zumbidos de elocuencia en la tela de araña,
veneno insípido de la creencia que,
por tus gestos se ahoga en la fragancia,
almizcle infame de saber, víctima de la ignorancia.

Sereno anochecer entre claros y nubes religiosas,
el negro es palidecer y la noche
una llanura peligrosa.

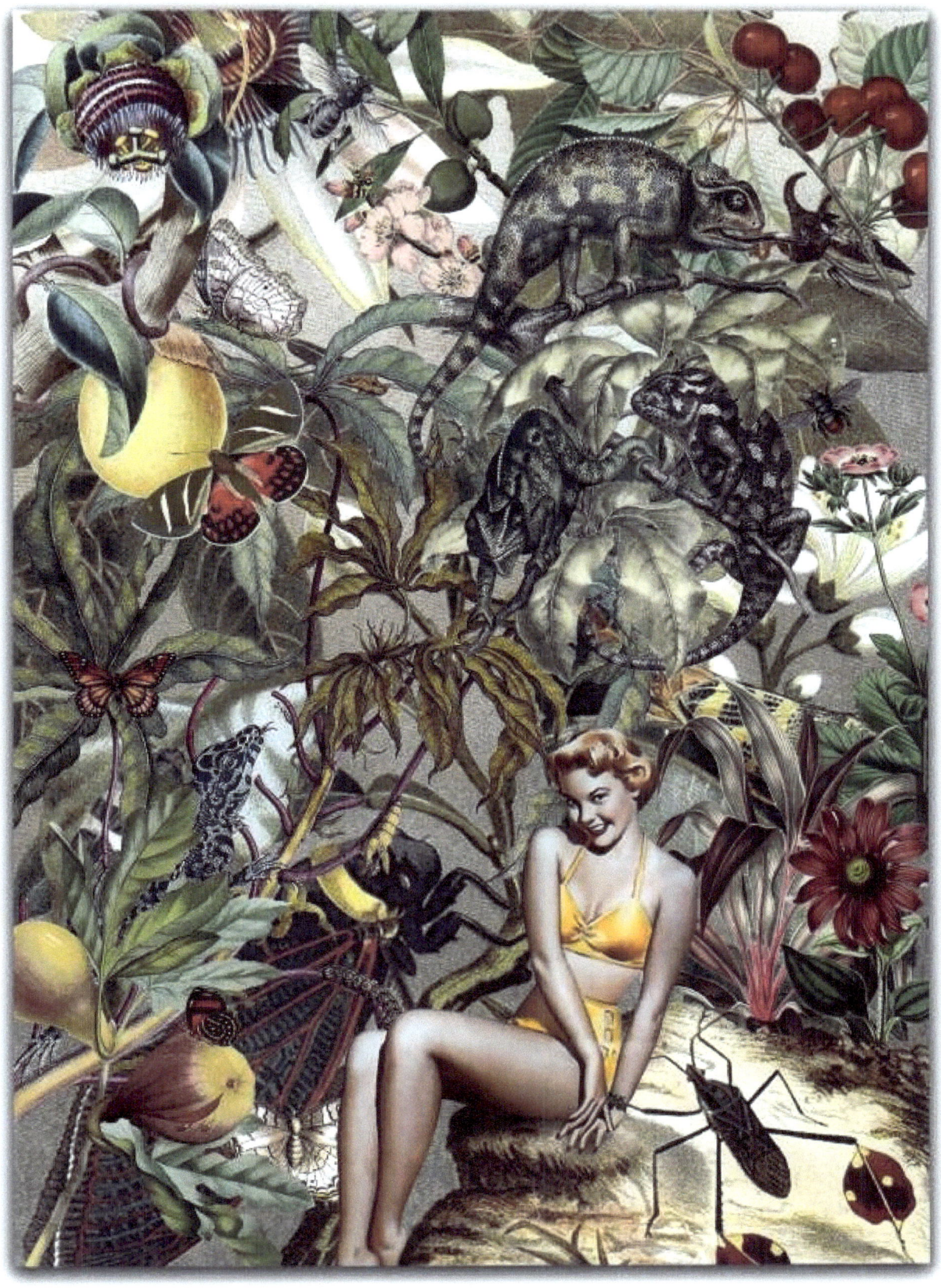

CARMEN

Sin ti no habría conocido
el poder de la verdad,
sin ti no habría sobrevivido
al azote de la maldad.

Consejera de mis dudas,
oxígeno en mis locuras,
te debo el universo
y el color de mi cordura.

Has estado cuando más apoyo he necesitado.
Mis lágrimas de mal dolor
en tus manos se han secado
y el brillo de mis ojos
se deben a tu dulzura.

Daría la vida por ti
sin pensarlo un segundo,
me arrancaría el corazón
si tuvieras algún apuro.

Hermana,
fruto de una canción
que nos unió en un amor cristalino y puro.
Hoy te rindo homenaje
entre besos y estigmas de nostalgia,
nuestros lazos unidos por amor
jamás los separará la distancia.

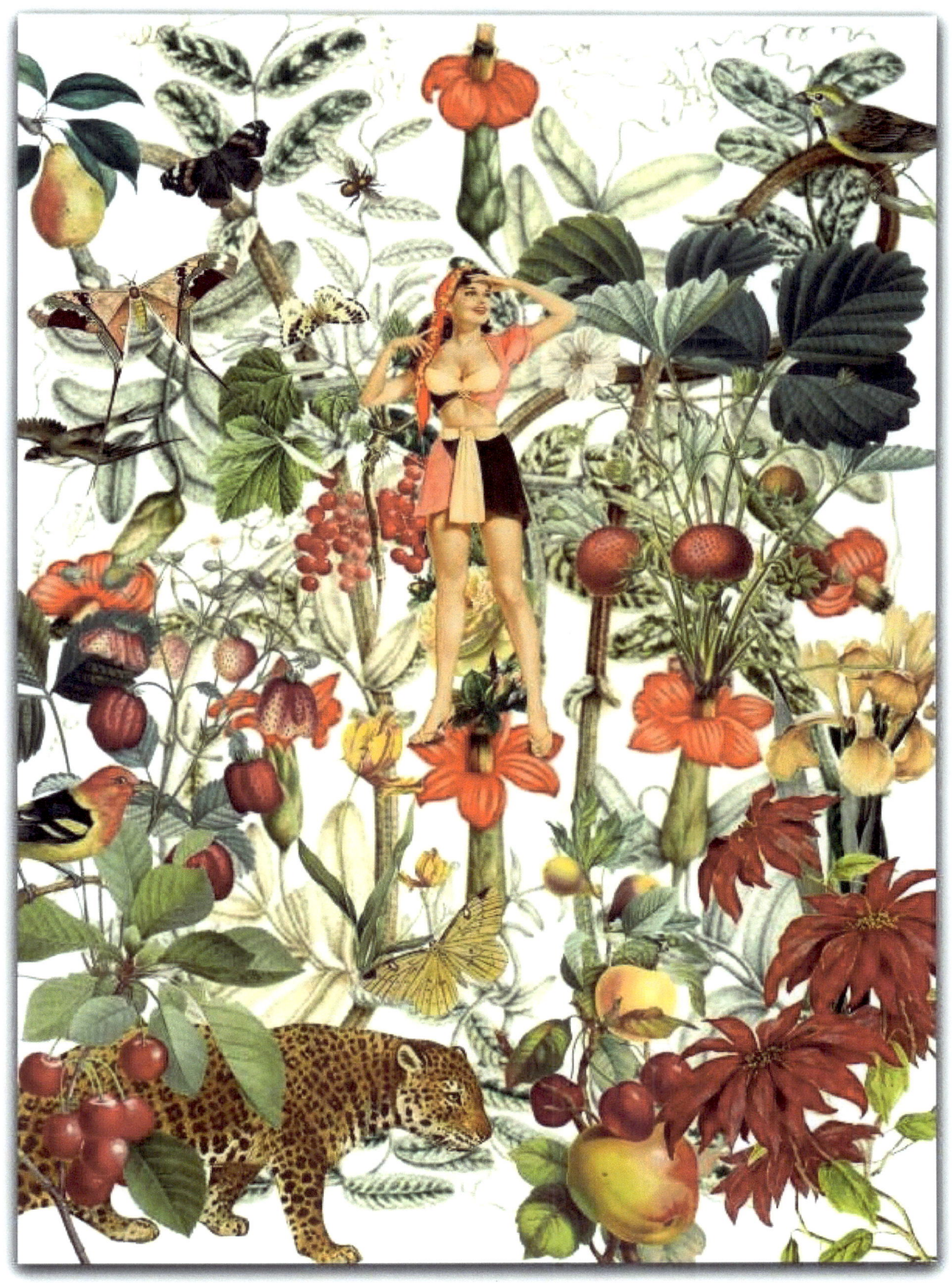

Coralline

Nota las burbujas
que danzan al roce de tu cuerpo,
desliza el llanto a través del canto
que enamora al marinero.

Espuma blanca de venus tras la marejada,
tentáculos febriles, mar brava en mis entrañas,
tifón de libido al mecer la barca,
naufragio de placeres en la orilla de mis ansias.

Sirena del silencio,
tú que eres eco de mi pensamiento,
tú que en voz cerrada
desnudas mis creencias más privadas,
contigo saboreo las mieles
que prohibieron los ancestros
de mi estirpe venerada.

La vida conviertes en verso
en el amor que se condensa en mi cama,
lecho de algas coralinas
y tú,
dueña de mi alma.

shambala: El Paraiso perdido

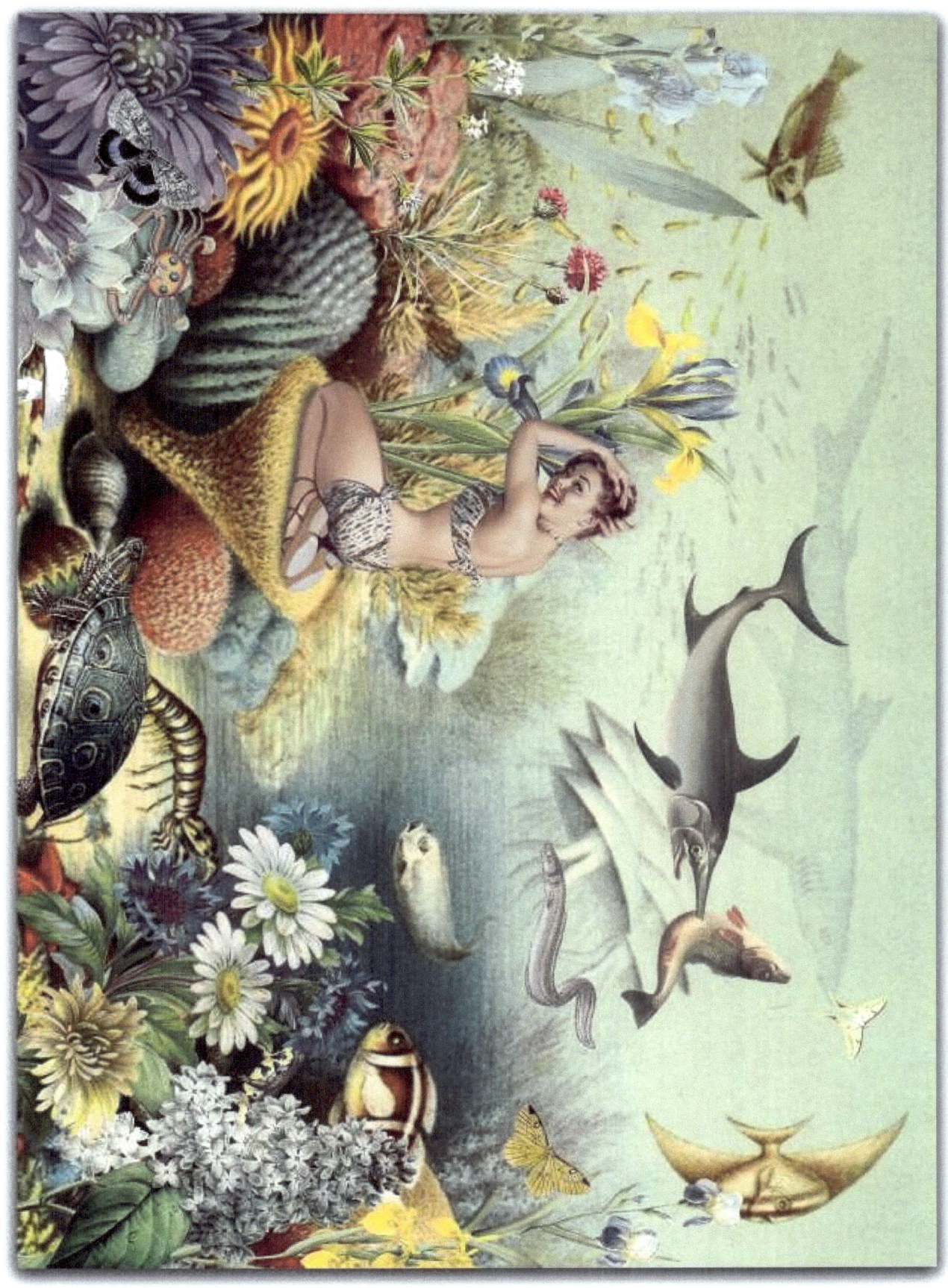

EVA

Reina de un principio,
desnudez de pecado impuesto
por el eco de un abismo,
enséñame el camino,
muéstrame el amor perdido
que la sed me hizo olvidar
manchado por el barro,
cegado por el vino.

Fuente de vida, oasis de esperanza,
tu semilla será el fruto
del linaje de mi raza,
eterno fue el amanecer
que se quebró en el pudor y la desgracia.

Belleza en el paraíso,
madre del placer
y del bocado prohibido,
recibe con esplendor
la llegada de tu hijo,
que en este mundo soy de piel
y en tu regazo, ese amor que se perdió,
será correspondido.

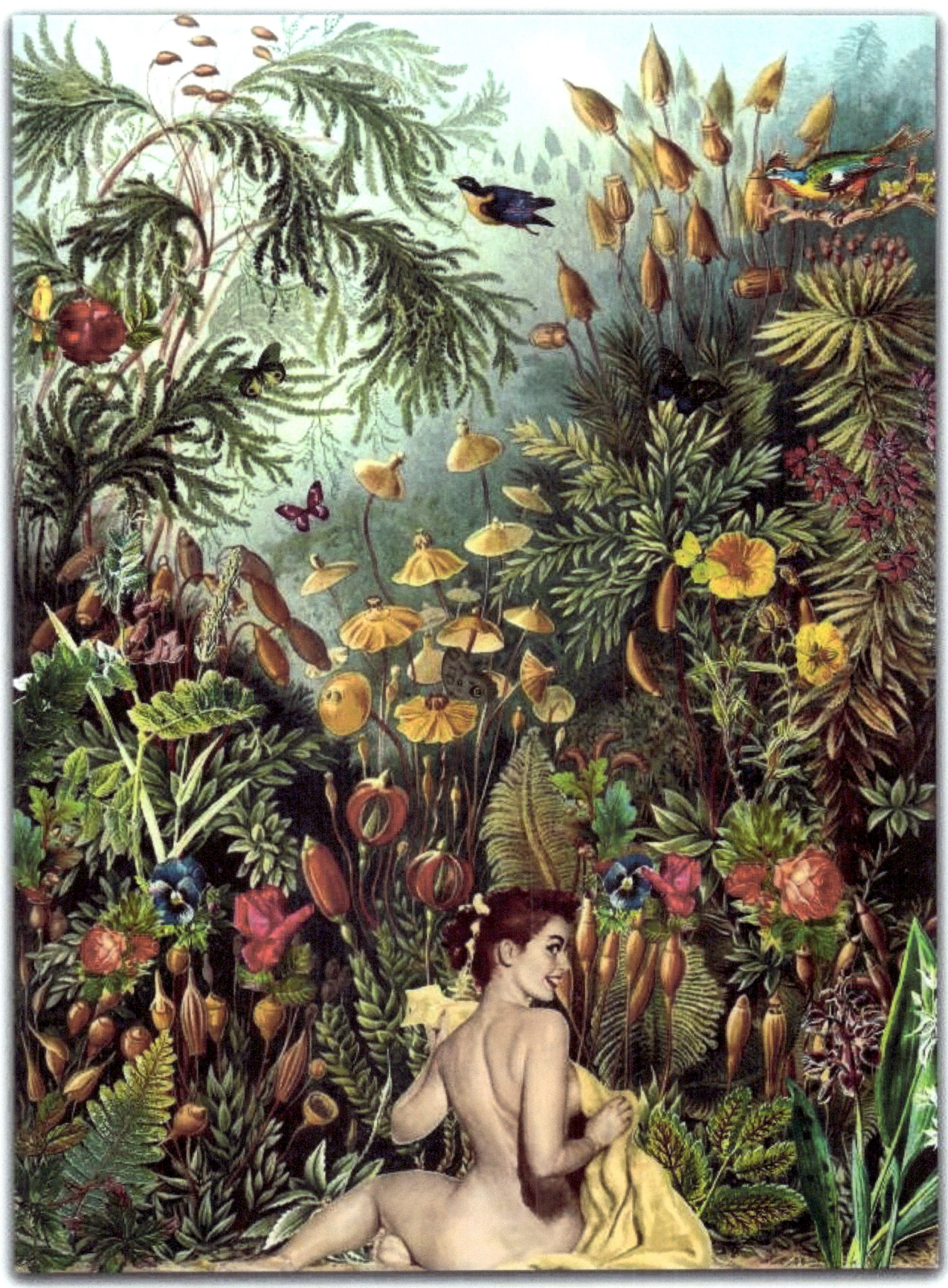

gardening

Se abre la flor de tu alma,
rezuma la esencia del saber
en las palmas de tus caricias,
humo verde estalla de mis pulmones,
y tus besos,
húmedos manantiales de ambrosía.

Deseos prohibidos en el jardín del edén,
regados entre azucenas, lirios y jazmines
en cada anochecer,
deleite de fantasías que no cesan de florecer.

Caléndula, Margarita, Clavel.
Tomillo, Madreselva y Laurel.
Romero para las dolencias
y Salvia para enloquecer,
savia de mis delicias
para perderme después.

Germina en mi interior
un deseo sacrílego,
por tus raíces,
por tus pétalos de amor,
méceme en tu aroma,
flujo hipnótico
de salvaje flor.

shambala: El Paraiso perdido

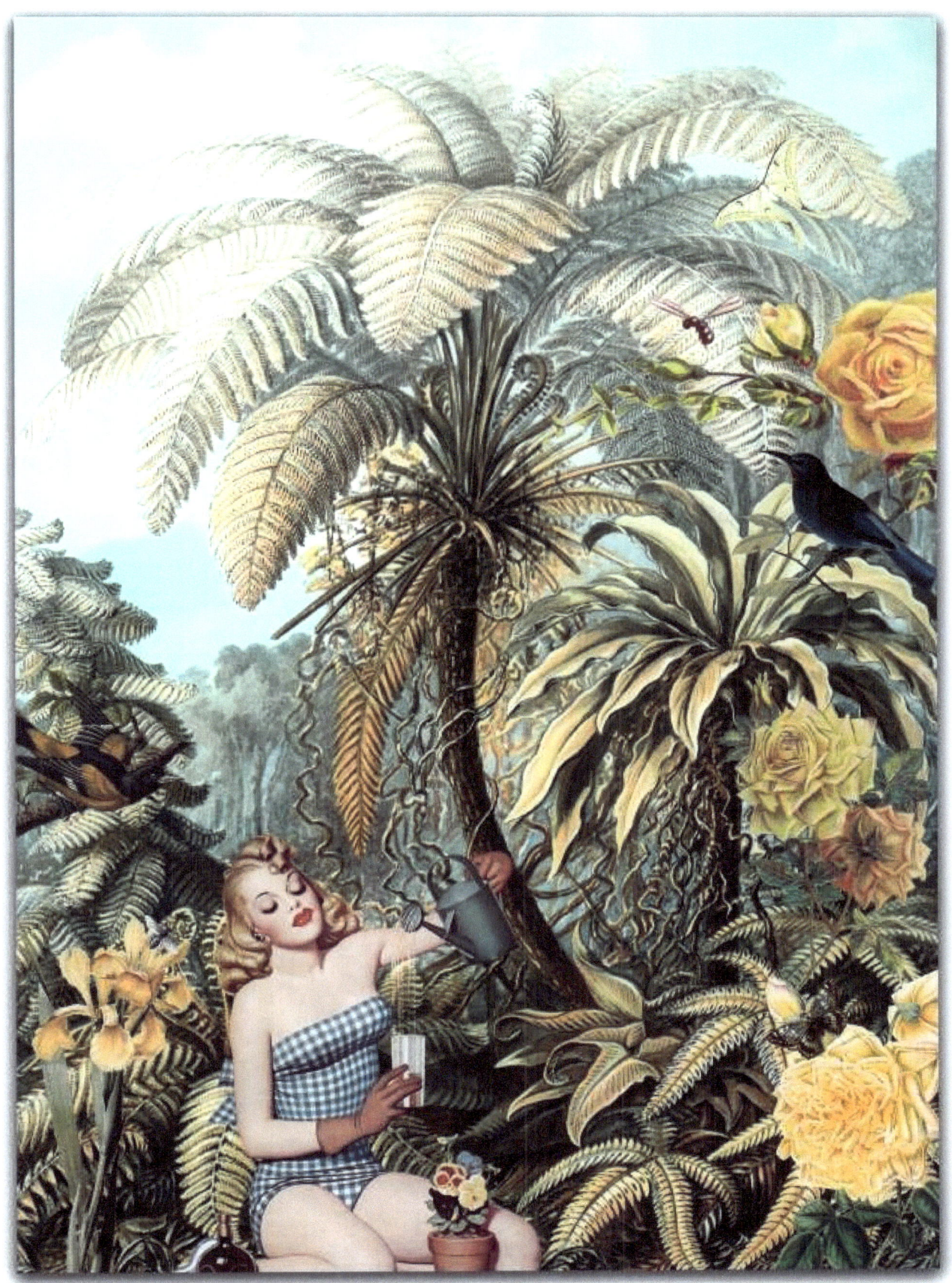

obsidiana

Cristal oscuro de pasiones eternas,
besos de ceniza entre puertas abiertas.
Corazón de roca fundida en tu espalda,
tótem indomable que castiga la esperanza.

Hipnótico crisol de opacos grises
entre plumas tupidas y estúpidas creencias,
diestra o siniestra, la solución está en el caos o en su insolencia, delirio de
creyentes que azota la fe de sus raíces, esnifando incienso en plata
al compás del goteo de sus venas.
Esa es la penitencia de mi patria, hostil inocencia
por lágrimas divinas y amarga elocuencia,
que tienta sinrazones, que quiebra las emociones
de mi voz inquieta, infame corazón, por tantas noches en vela y siestas de
simiente profana,
restos de vanidad y de sangre derramada.
A tus pies me rindo, a tu amor imploro,
líbrame de este suplicio de falsos amigos
y sicarios del odio, acógeme en tu seno,
picadura mortal de delicioso veneno,
mi mente es tu voluntad y mi voz,
es el eco de tu silencio.

Quémame en tu reflejo, petrifícame con tu lava,
aléjame del frío del invierno
y hazme el amor cada noche,
en una infinita madrugada.
Destellos de tinieblas en eternidad cristalizada.

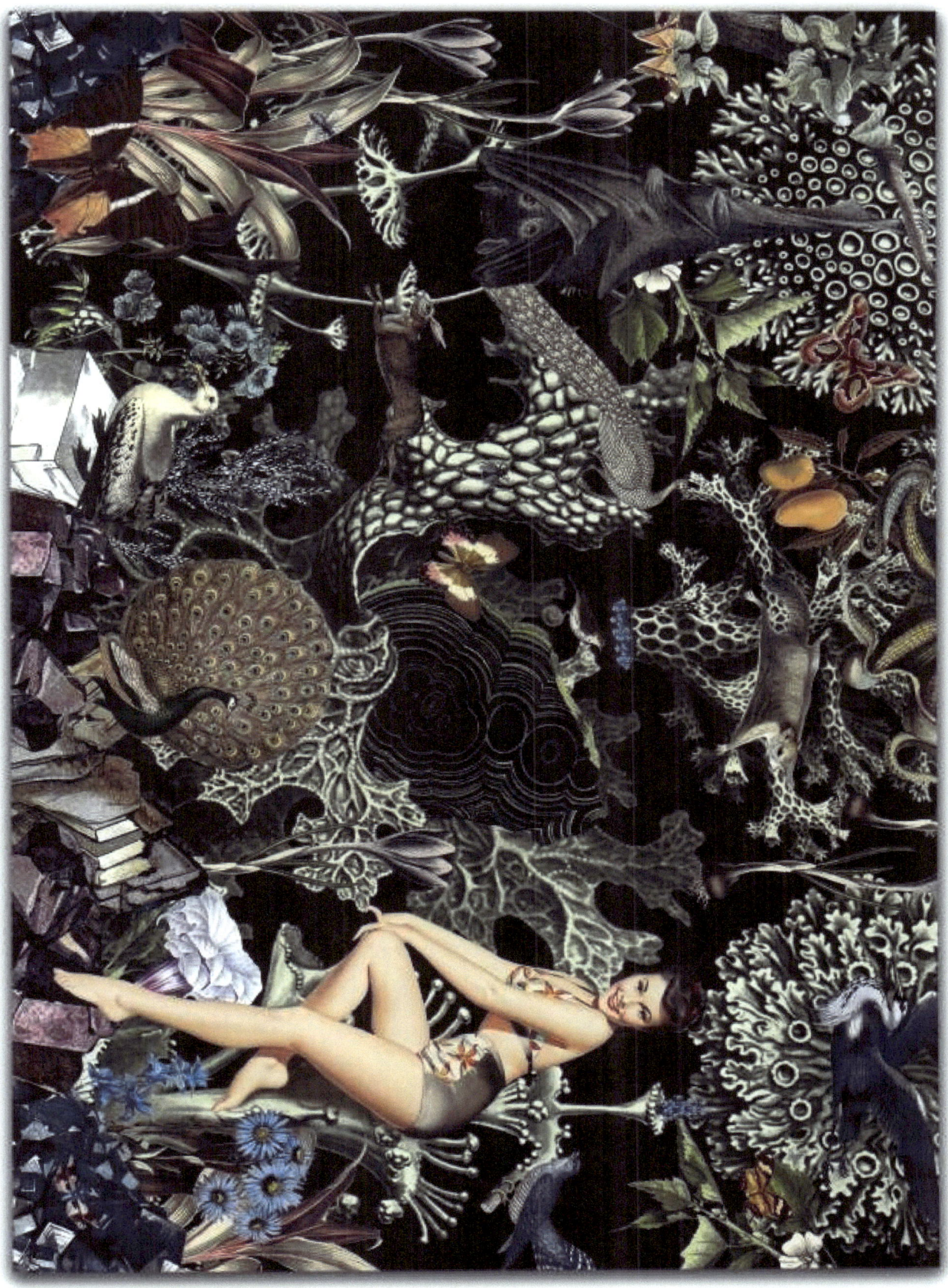

salacia

Como un delfín
que dibuja sonrisas en el mar eterno
me rendí a tus pies
diosa del océano imperecedero.
Sirena del amor,
ninfa marina de salado corazón,
castígame con tu deseo
y con tu espuma de pasión.

Jamás he conocido rostro más celeste,
endiablada hermosura
que me tienta a quererte,
si debo de morir para soñar despierto,
que sea en la sal de tus labios,
que me ahogue de dulce veneno.

Arrecife de pensamientos,
donde naufraga la verdad.
Fui prisionero del miedo,
del caos y la realidad,
ahora solo quiero ser tu siervo
y nadar en tu bondad,
diosa del mar eterno,
sirena del amor verdadero,
reina de mi paz.

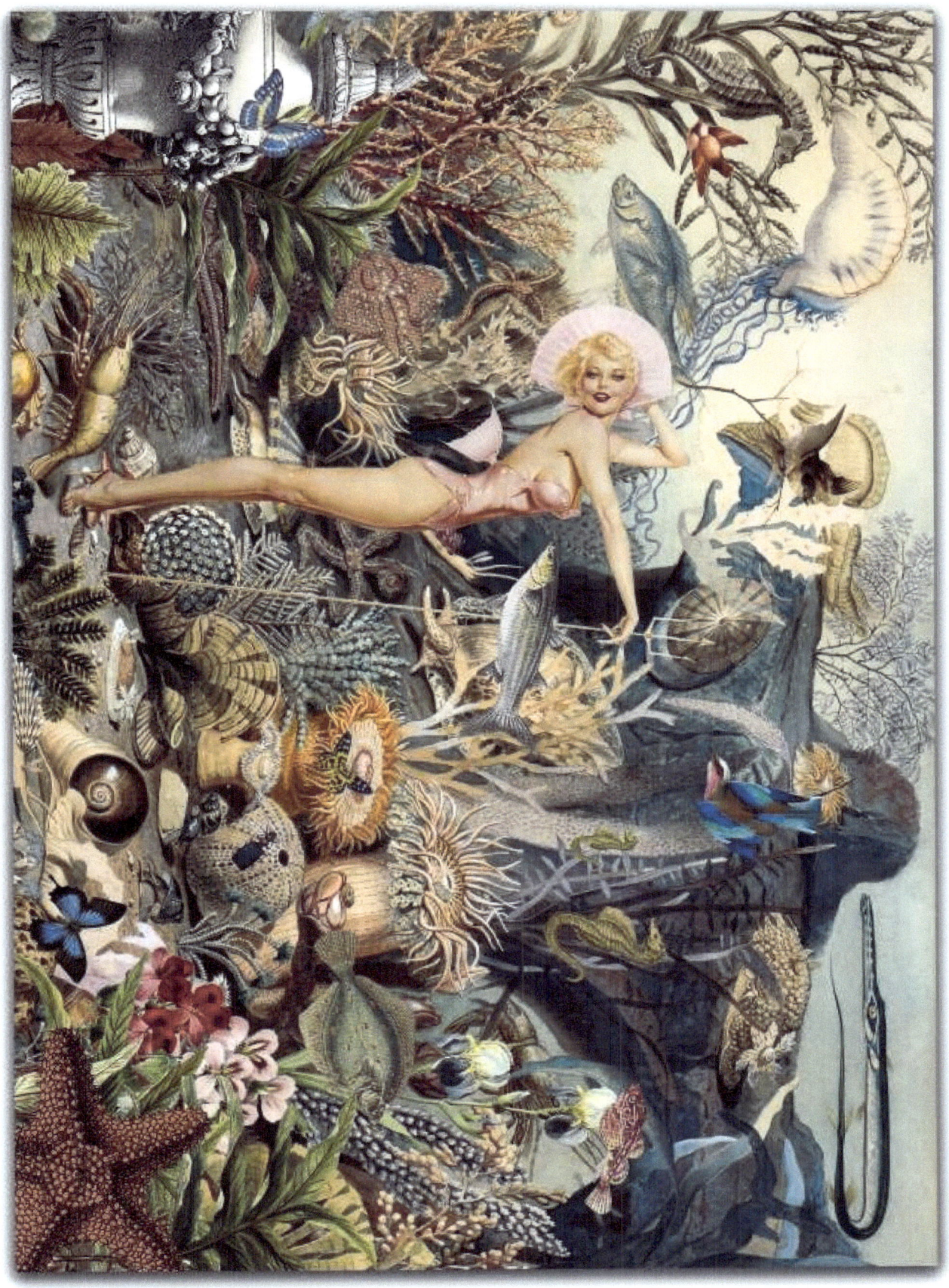

tangaroa

En los tiempos que nos hallamos,
escribimos con tinta de delirio,
nos preguntamos hacia dónde vamos
olvidando todo lo ocurrido.

Nos desata la codicia,
el poder de la corrupción,
los bolsillos llenos de avaricia
y el negro pecado
es el color del corazón.

No aguanto más,
no quiero vivir en este mundo traidor,
mi esperanza arrojé al mar
y en tus manos encontré redención.

En lo más profundo del océano
busqué tu consejo, justicia y serenidad,
y ese preciado deseo que es la libertad.

Tu canto me enseñó a olvidar,
olvidar lo que tanto me ha dolido,
tu oración me recordó a ser feliz,
como cuando era un niño
y mis alas me volvieron a elevar,
pues después de lo aprendido
volví a nacer tejiendo mi destino,
volando en libertad.

shambala: El Paraiso perdido

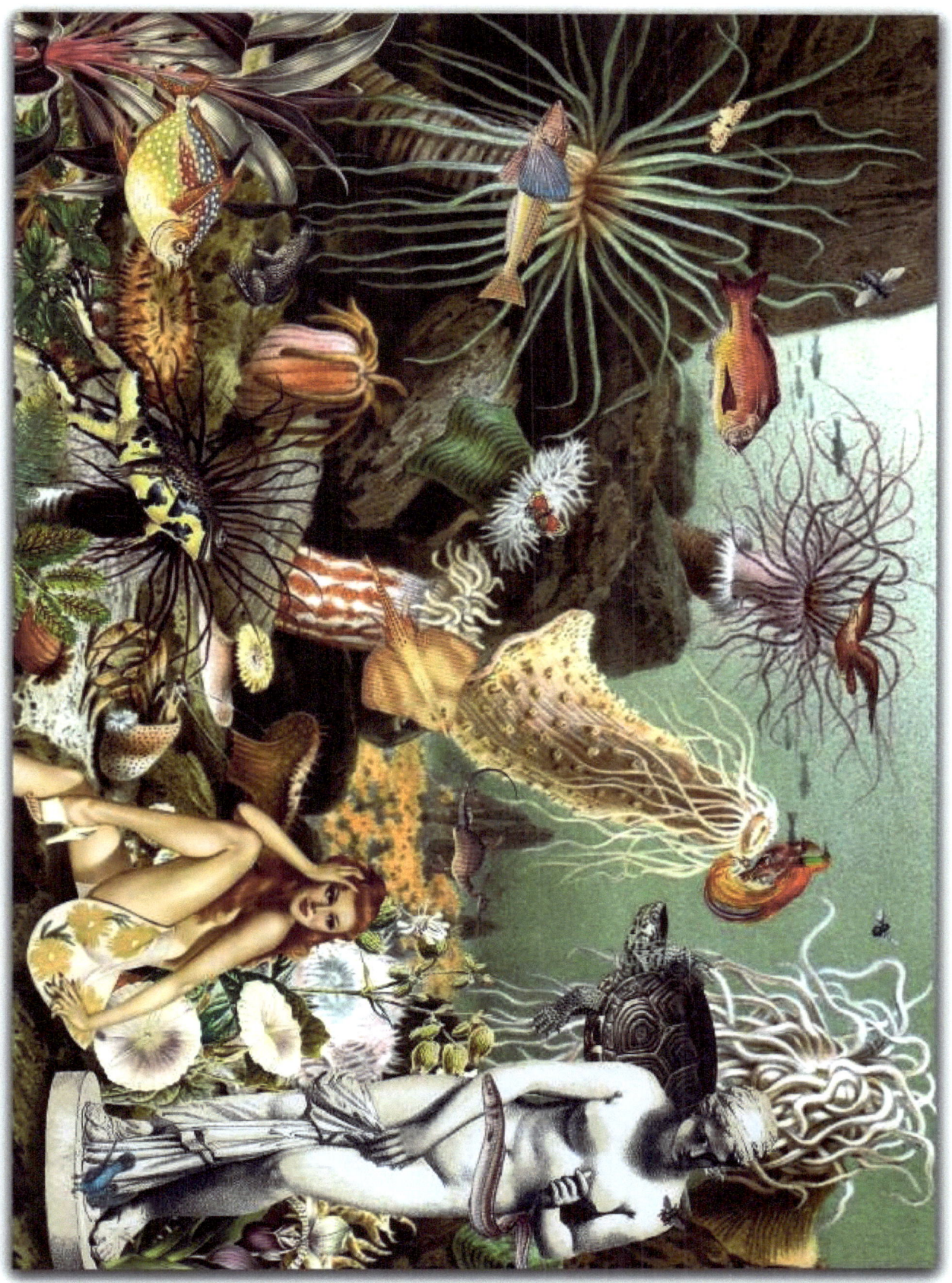

sardinella

Escucho el mar y tu voz
naufraga en mi mente.
Me refugio en tus entrañas
de la maldad de los hombres,
siniestro elixir que decapita mi raza,
ante la mirada de Caronte.

Y ruge el mar nuevamente,
latido incesante
que me aleja de la amargura
de un mundo atroz que llora en sus fronteras
pidiendo a gritos la extinción.

Pero tú...
tú eres etérea,
eres la salvación de esta mi condena,
el castigo de ser pobre y la muerte,
es lo que me queda.
Decirle al mundo adiós es;
sumergirme entre tus piernas.

¡oh Diosa voluntad!
Lo cierto quedó muy atrás
y el humo del volcán
asfixió mi paz eterna,
sólo por decir que no,
me derrotó la conciencia.

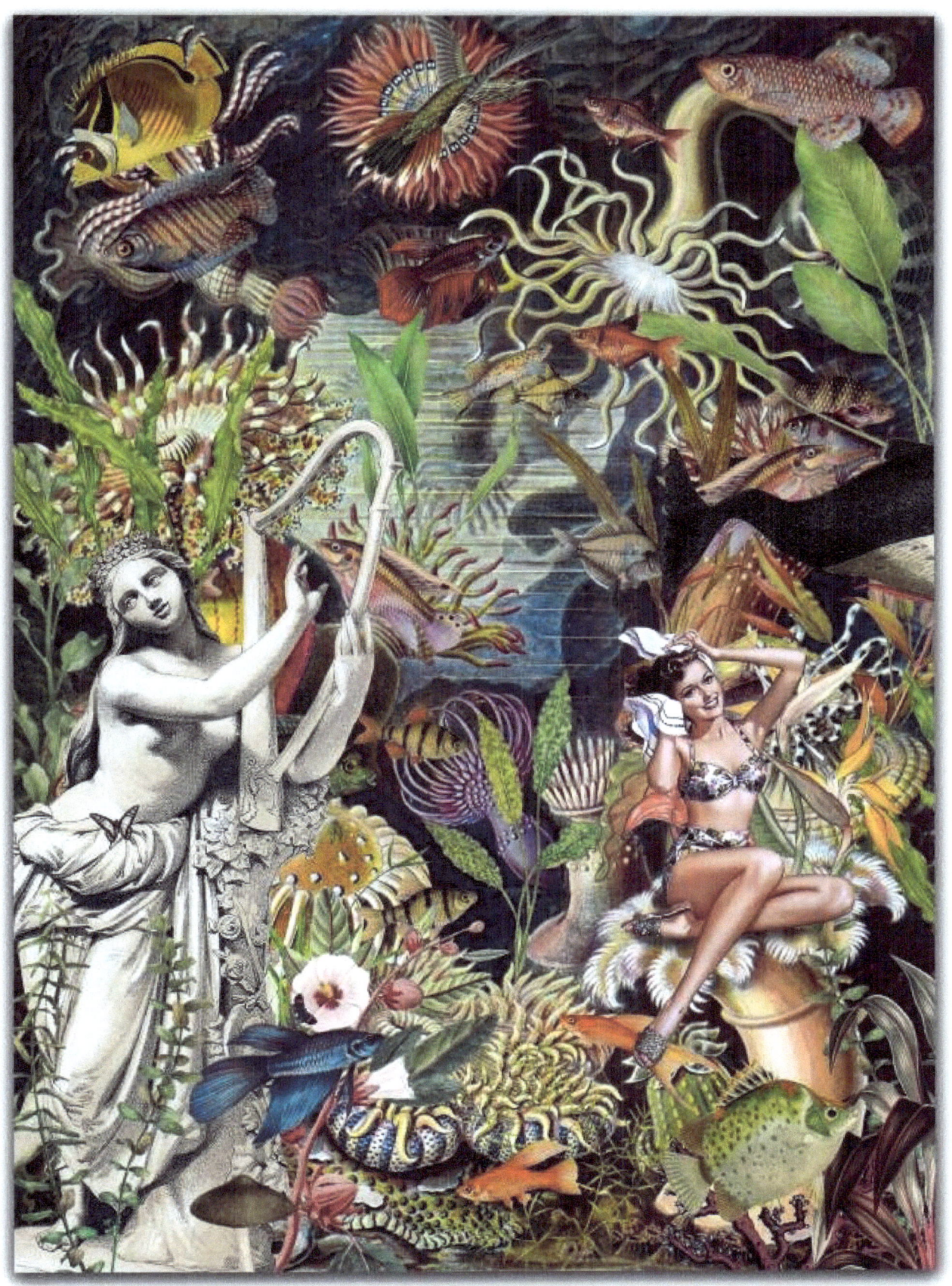

sobre los autores

Gloria Sánchez, ubetense de nacimiento (España), es una persona llena de ilusiones que siempre soñó con ser artista. Actualmente vive, disfruta y trabaja en la preciosa Chequia.

Influenciada por el arte pop, el dada o el futurismo, le encanta brindar al espectador nuevas experiencias visuales a través del fotomontaje. Una nueva manera de ver el mundo con aspectos del surrealismo, el misticismo y un toque vintage.

Para más información podéis visitar www.gloriasanchezartist.com

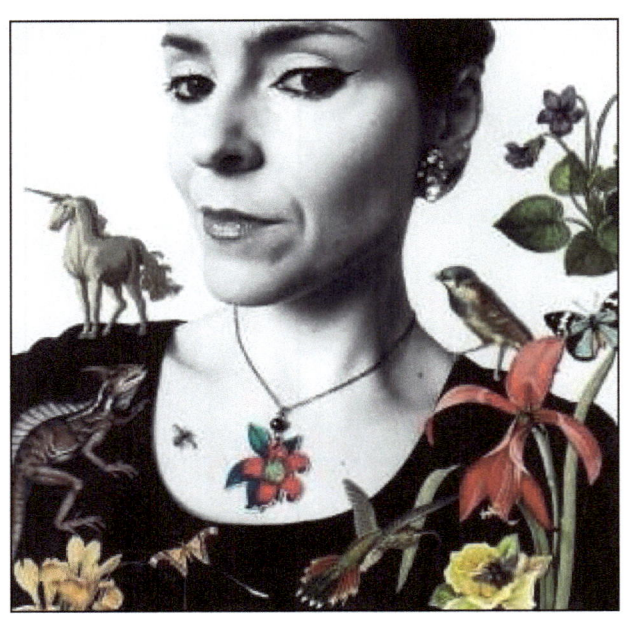

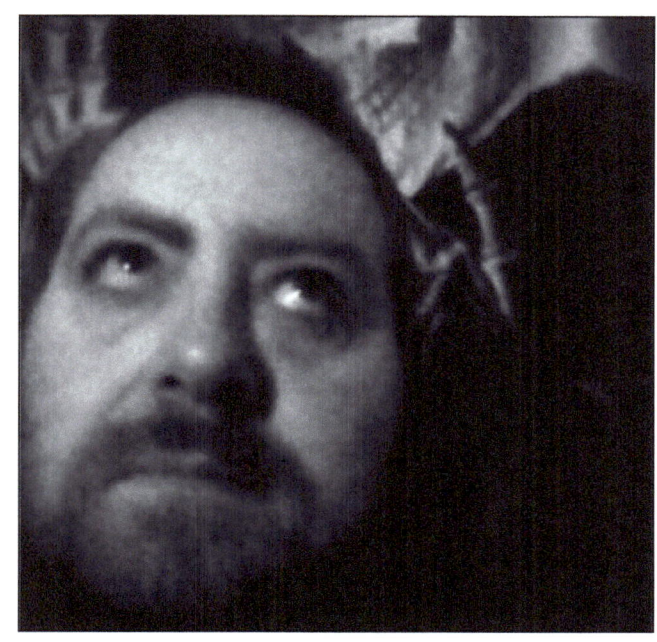

Antonio López, poeta, escritor, declamador y locutor amateur de radio. Amante de la buena música y de la poesía.

Nació en Úbeda un 18 de mayo de 1979 a las 7 de la mañana, en el seno de una familia humilde y trabajadora la cual dio su primer fruto.

Primogénito de cuatro hermanos. Su vida ha estado ligada a la hostelería, a su familia y al venir y devenir del amor. Todo esto es la clave y la esencia por la que la poesía es su particular medio para expresarse al mundo.

Como escritor: tiene publicados cuatro poemarios y ha co-escrito y publicado una novela: Domingo Triste.

Como locutor ha dirigido y presentado el programa poético Sophantasy Radio en la emisora Alma en Radio (Argentina).

Dirigió y presentó en la misma emisora un especial Halloween titulado Noches de Terror, declamando junto a colaboradores textos y poemas de terror.

Para más información: http://eltrovadordelaluna.x2hosting.ga

Gloria Sánchez Artist - Trovador de la Luna

índice

Tropic 6

Aisha 8

Aloha 10

Bombus terrestris 12

Carmen 14

Coralline 16

Eva 18

Gardening 20

Obsidiana 22

Salacia 24

Tangaroa 26

Sardinella 28

Sobre los autores 31

Gloria Sánchez Artist - Trovador de la Luna

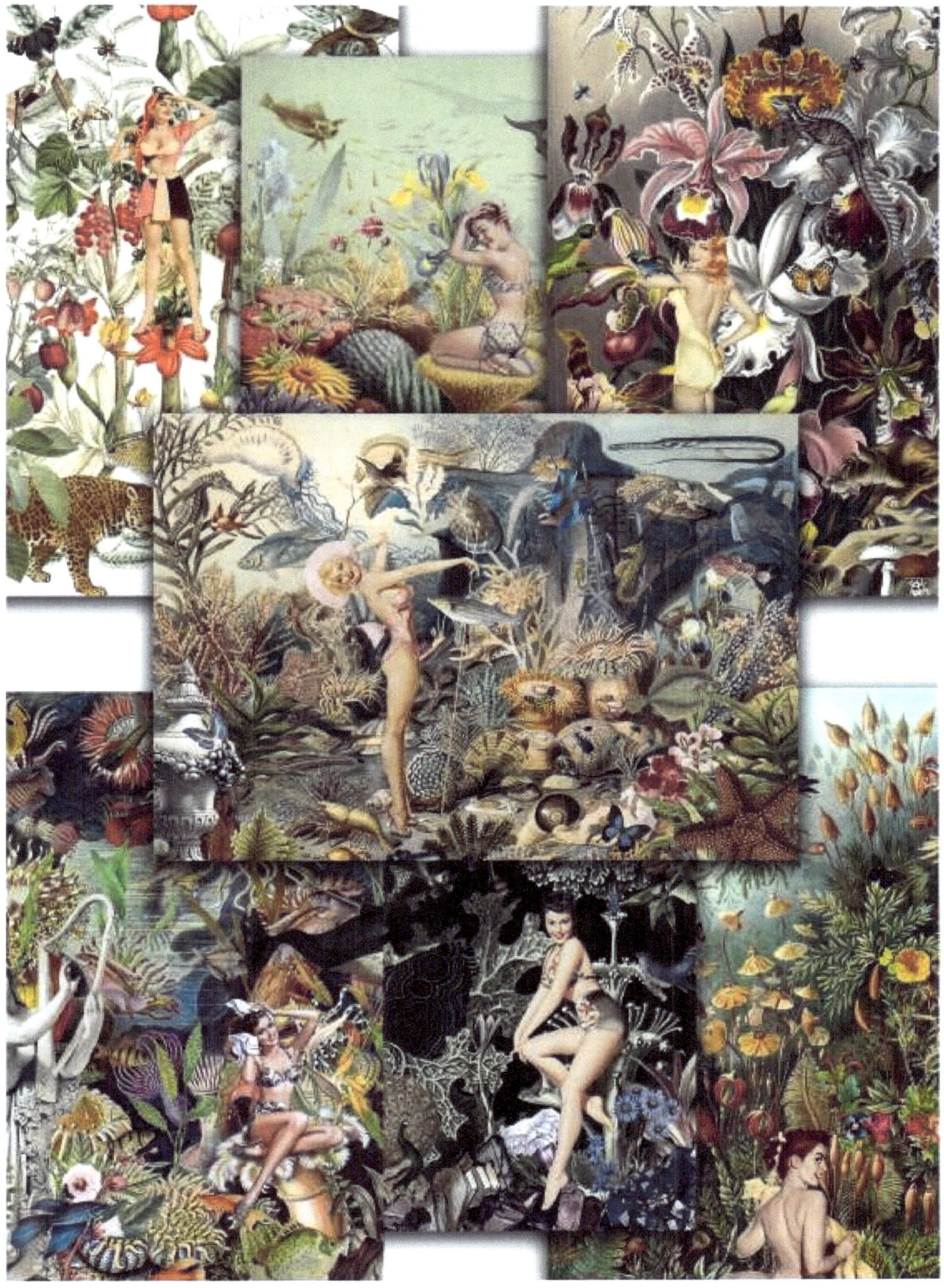